# BLINKY BILL
## NEVER FORGETS ADDRESSES

*AN ANGUS & ROBERTSON BOOK*

*First published in Australia in 1990 by*
*Collins/Angus & Robertson Publishers Australia*

*Collins/Angus & Robertson Publishers Australia*
*Unit 4, Eden Park, 31 Waterloo Road, North Ryde*
*NSW 2113, Australia*

*William Collins Publishers Ltd*
*31 View Road, Glenfield, Auckland 10, New Zealand*

*Angus & Robertson (UK)*
*16 Golden Square, London W1R 4BN, United Kingdom*

*Copyright* © Blinky Bill, Blinky Bill Grows Up, Blinky Bill and Nutsy, Brownie and Stout Fellows: *Collins/Angus & Robertson Publishers 1953;*
*all other works: Peter Badgery 1948*

*This book is copyright.*
*Apart from any fair dealing for the purposes of*
*private study, research, criticism or review, as*
*permitted under the Copyright Act, no part may be*
*reproduced by any process without written permission.*
*Inquiries should be addressed to the publishers.*

*ISBN 0 207 16850 4.*

*Printed in Singapore*

5  4  3  2  1
95 94 93 92 91 90

# BLINKY BILL
## NEVER FORGETS ADDRESSES

# A

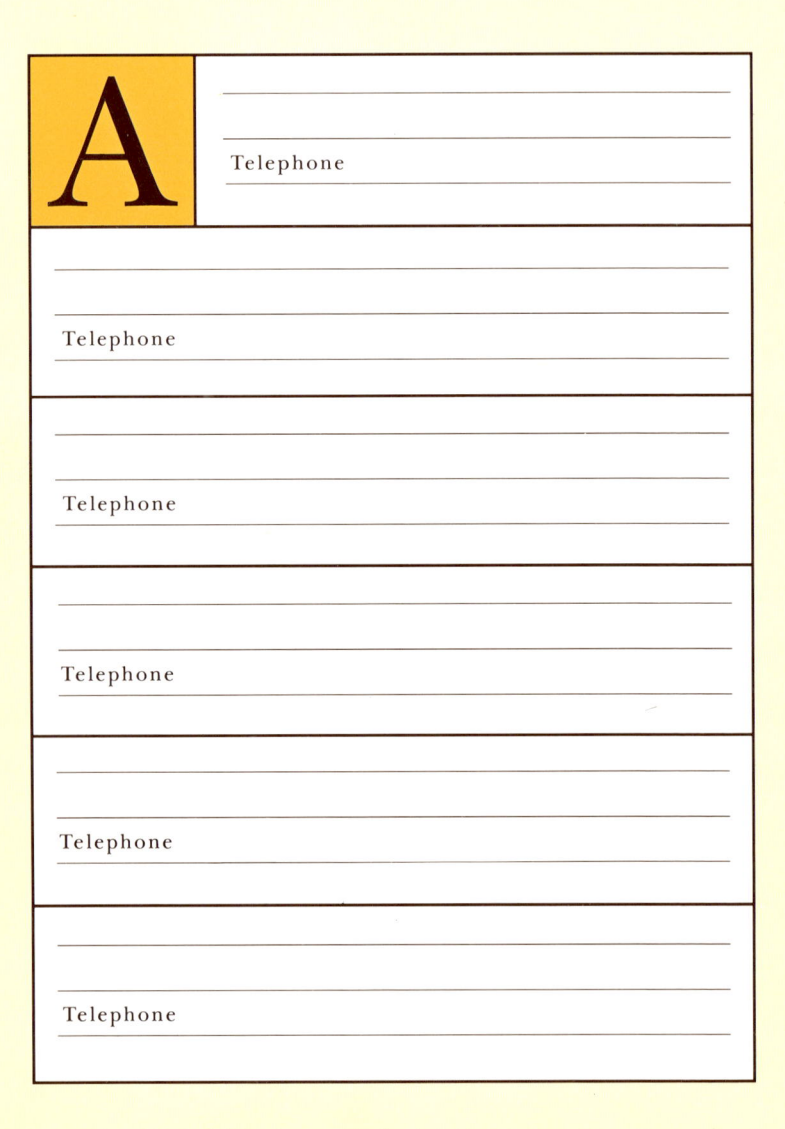

Telephone

---

Telephone

---

Telephone

---

Telephone

---

Telephone

---

Telephone

# A

Telephone

Telephone

Telephone

Telephone

Telephone

Telephone

# A

Telephone

Telephone

Telephone

Telephone

# A

Telephone

Telephone

Telephone

Telephone

Telephone

Telephone

# A

Telephone

Telephone

Telephone

Telephone

Telephone

Telephone

# B

Telephone

---

Telephone

---

Telephone

---

Telephone

---

Telephone

---

Telephone

# B

Telephone

___

Telephone

___

Telephone

___

Telephone

___

Telephone

___

Telephone

# B

Telephone

Telephone

Telephone

Telephone

# B

Telephone

Telephone

Telephone

Telephone

Telephone

Telephone

# C

Telephone

Telephone

Telephone

Telephone

# C

Telephone

Telephone

Telephone

Telephone

Telephone

Telephone

# C

Telephone

Telephone

Telephone

Telephone

Telephone

Telephone

# C

Telephone

___

Telephone

___

Telephone

___

Telephone

___

Telephone

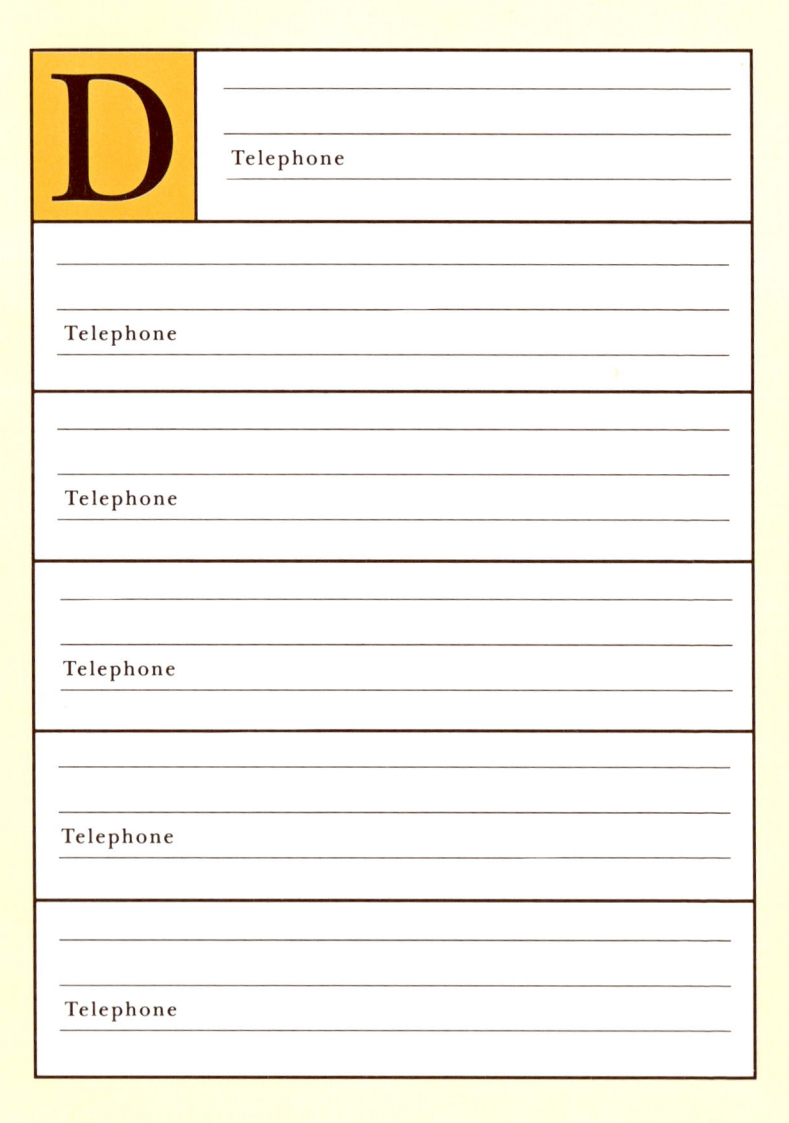

# D

Telephone

Telephone

Telephone

Telephone

Telephone

Telephone

# D

Telephone

Telephone

Telephone

Telephone

Telephone

Telephone

# D

Telephone

Telephone

Telephone

Telephone

Telephone

Telephone

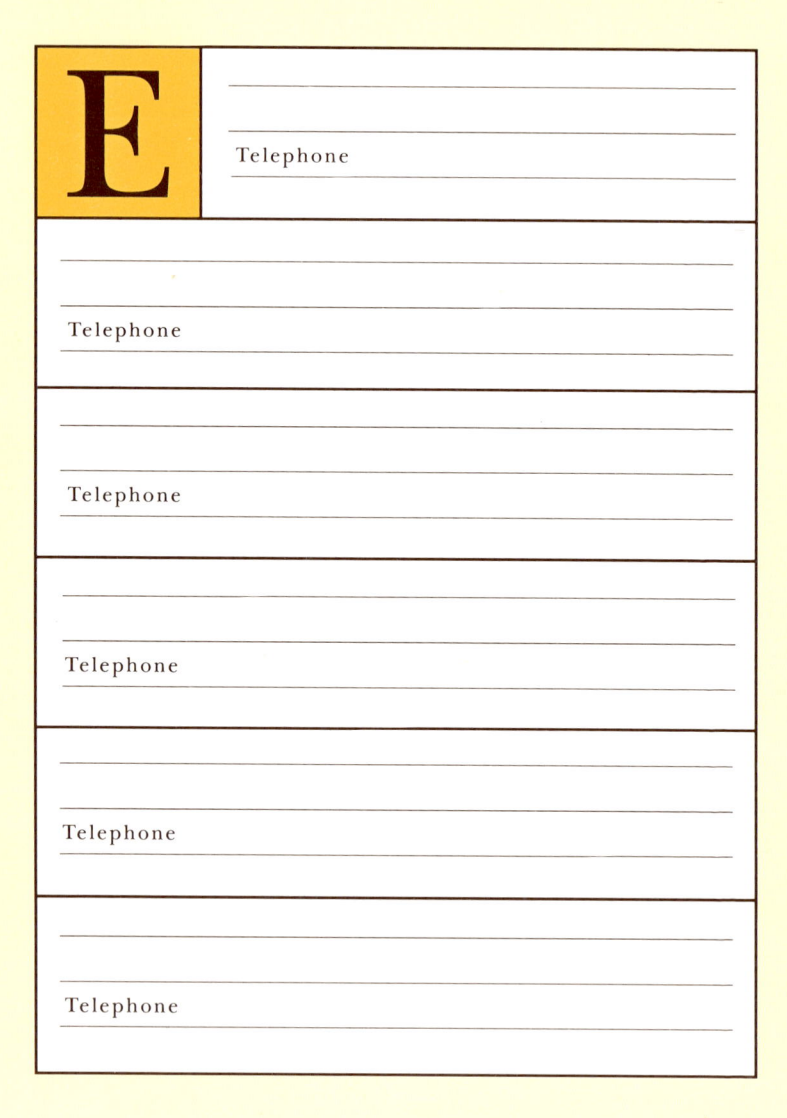

# E

Telephone

Telephone

Telephone

Telephone

Telephone

Telephone

# E

Telephone

Telephone

Telephone

Telephone

Telephone

Telephone

# E

Telephone

---

Telephone

---

Telephone

---

Telephone

---

Telephone

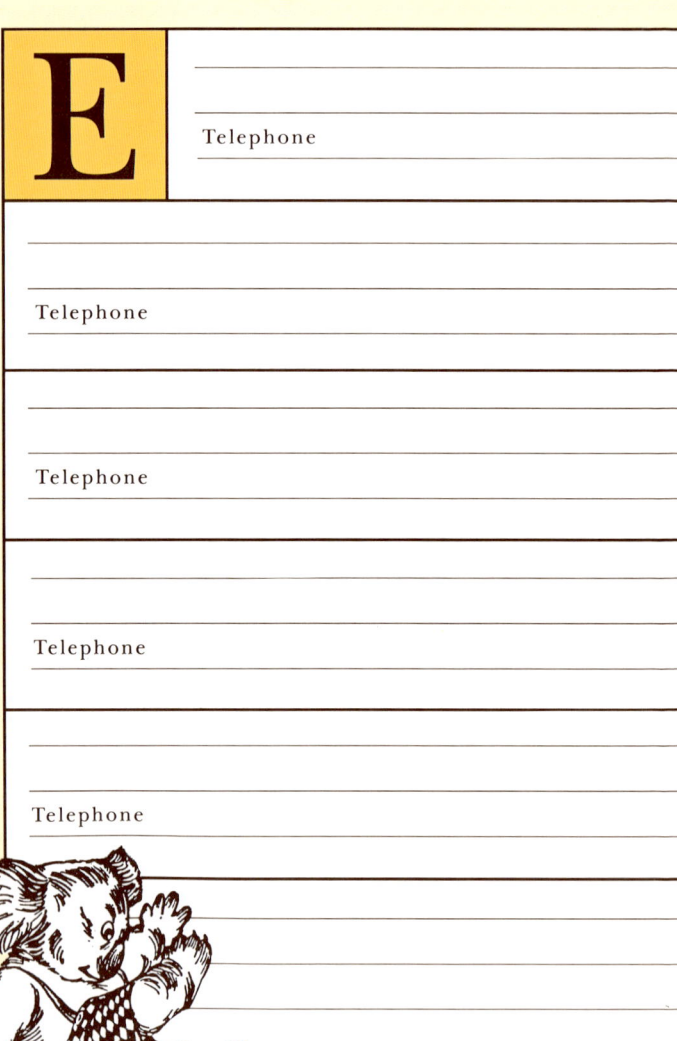

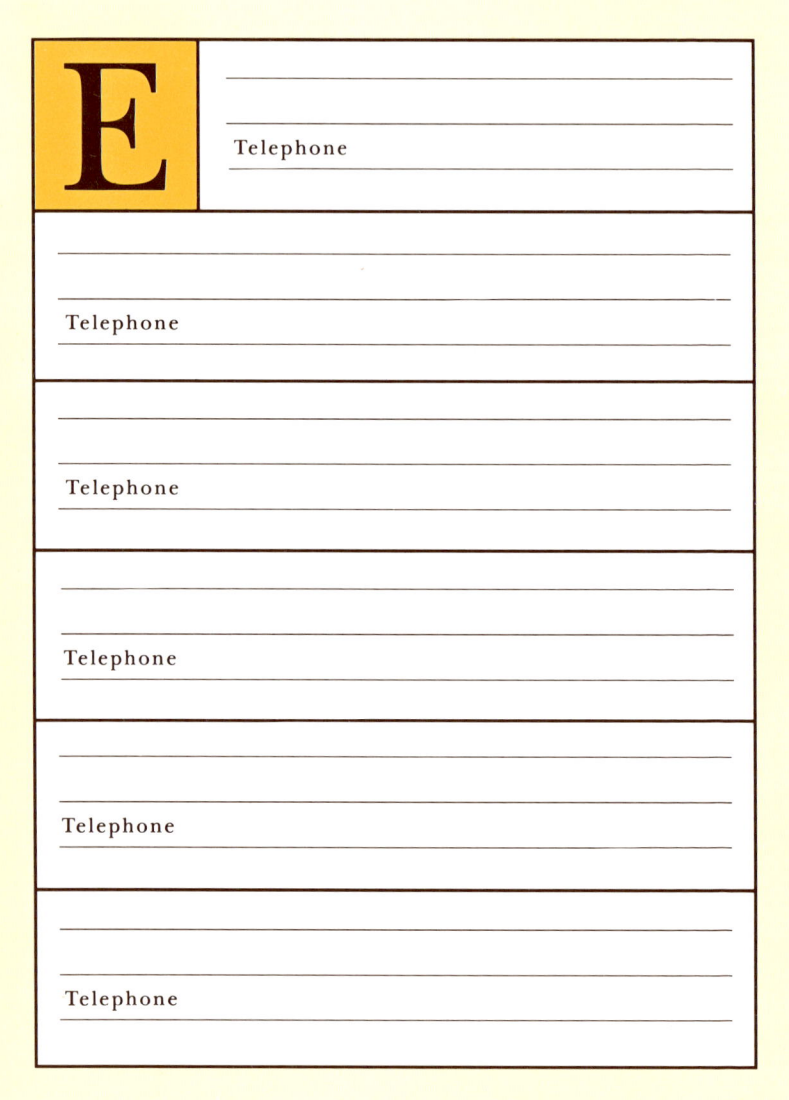

# E

Telephone

Telephone

Telephone

Telephone

Telephone

Telephone

# F

Telephone

---

Telephone

---

Telephone

---

Telephone

---

Telephone

---

Telephone

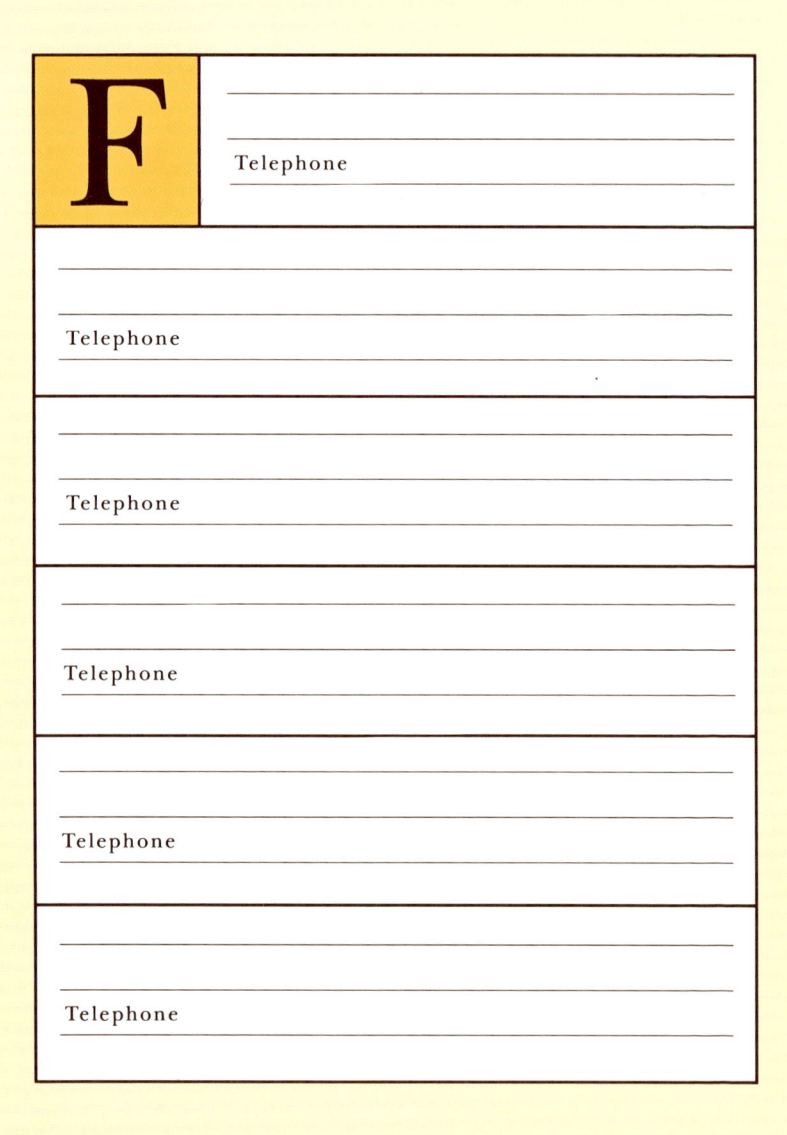

# F

Telephone

Telephone

Telephone

Telephone

Telephone

Telephone

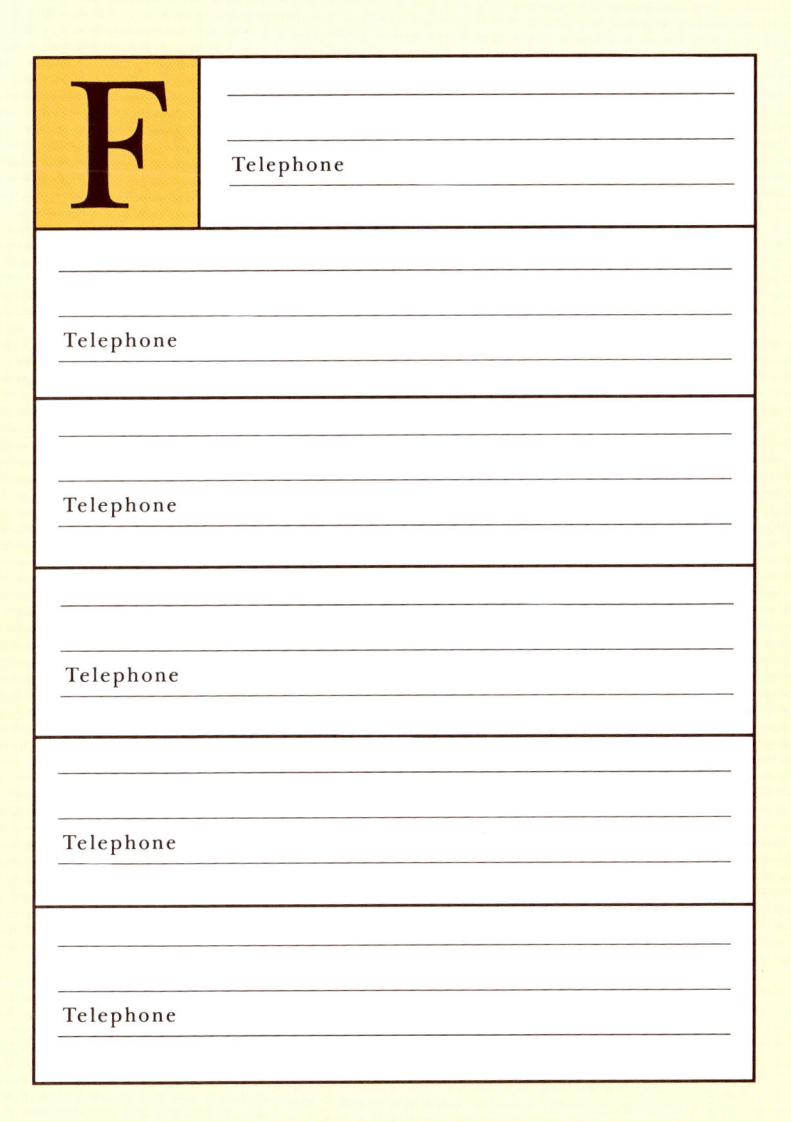

# F

Telephone

Telephone

Telephone

Telephone

Telephone

Telephone

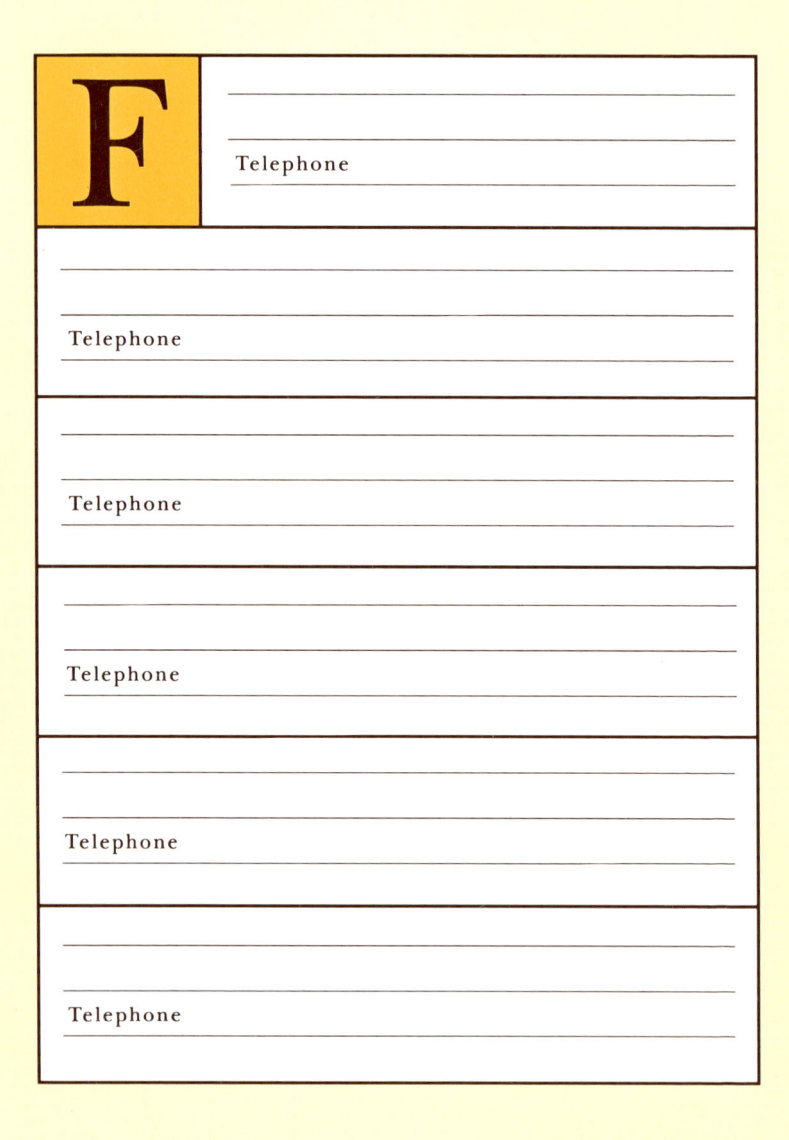

# F

Telephone

Telephone

Telephone

Telephone

Telephone

Telephone

# G

Telephone

Telephone

Telephone

Telephone

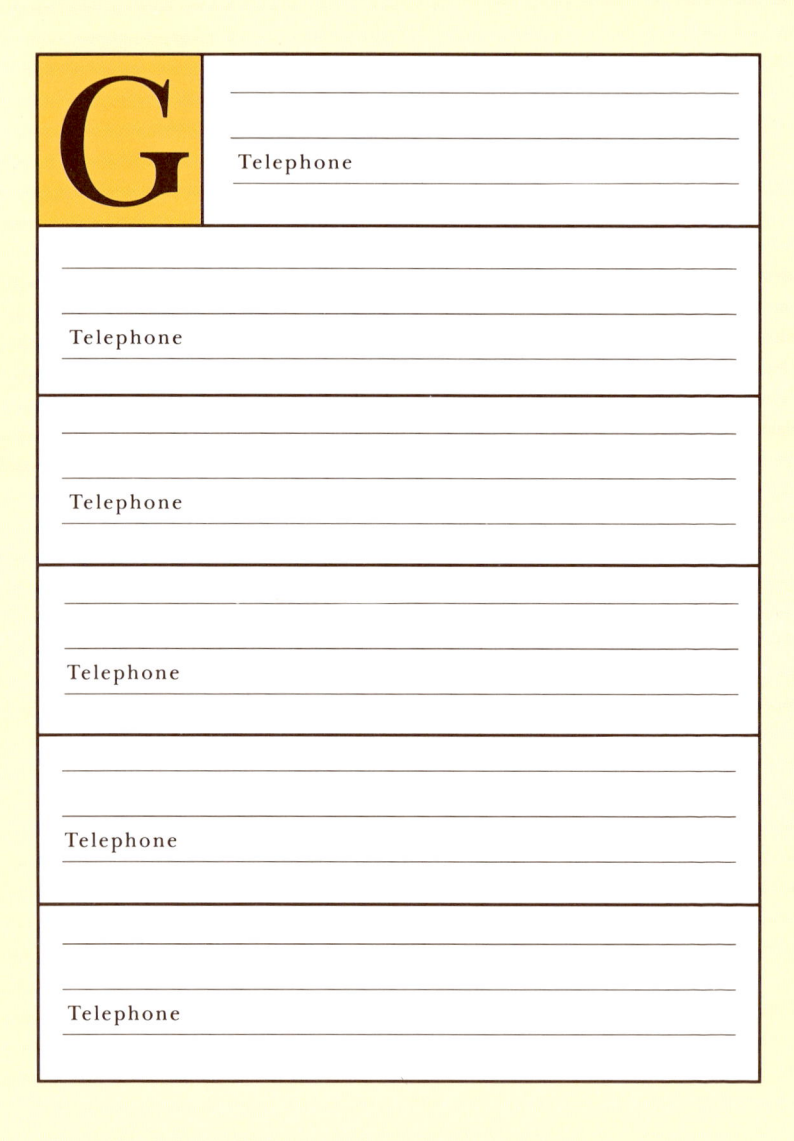

# G

Telephone

Telephone

Telephone

Telephone

Telephone

Telephone

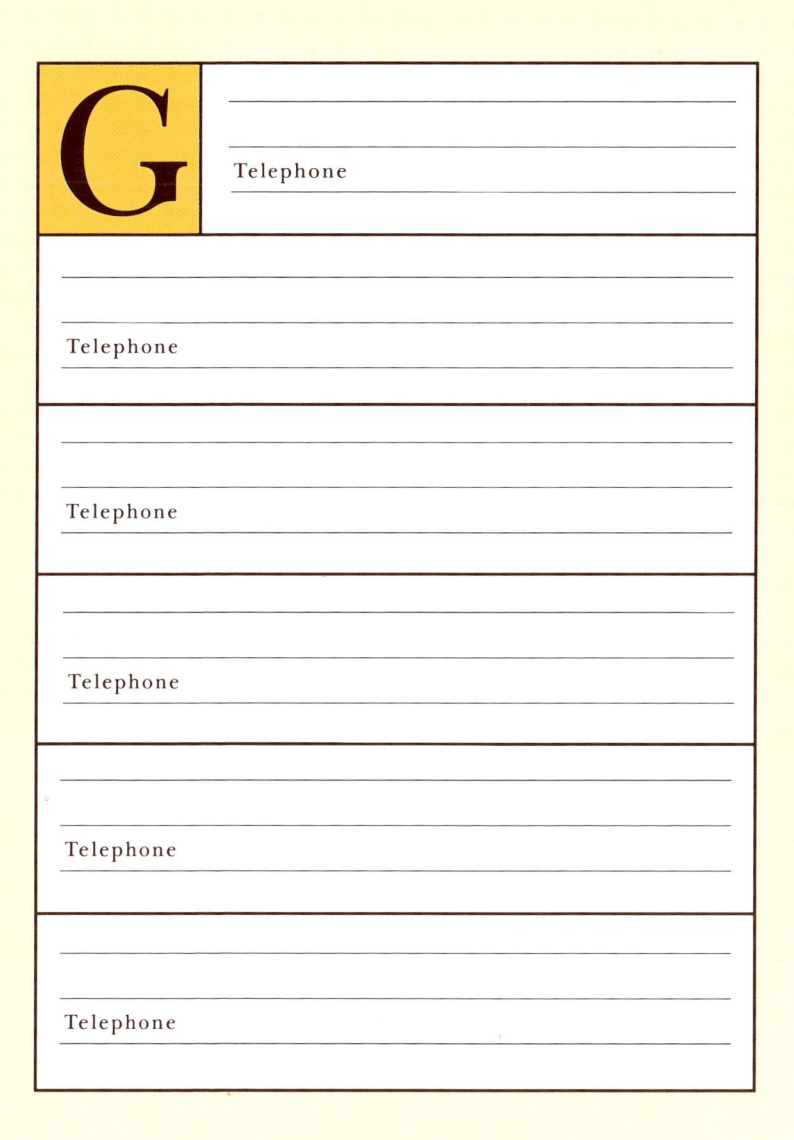

# G

Telephone

---

Telephone

---

Telephone

---

Telephone

---

Telephone

---

Telephone

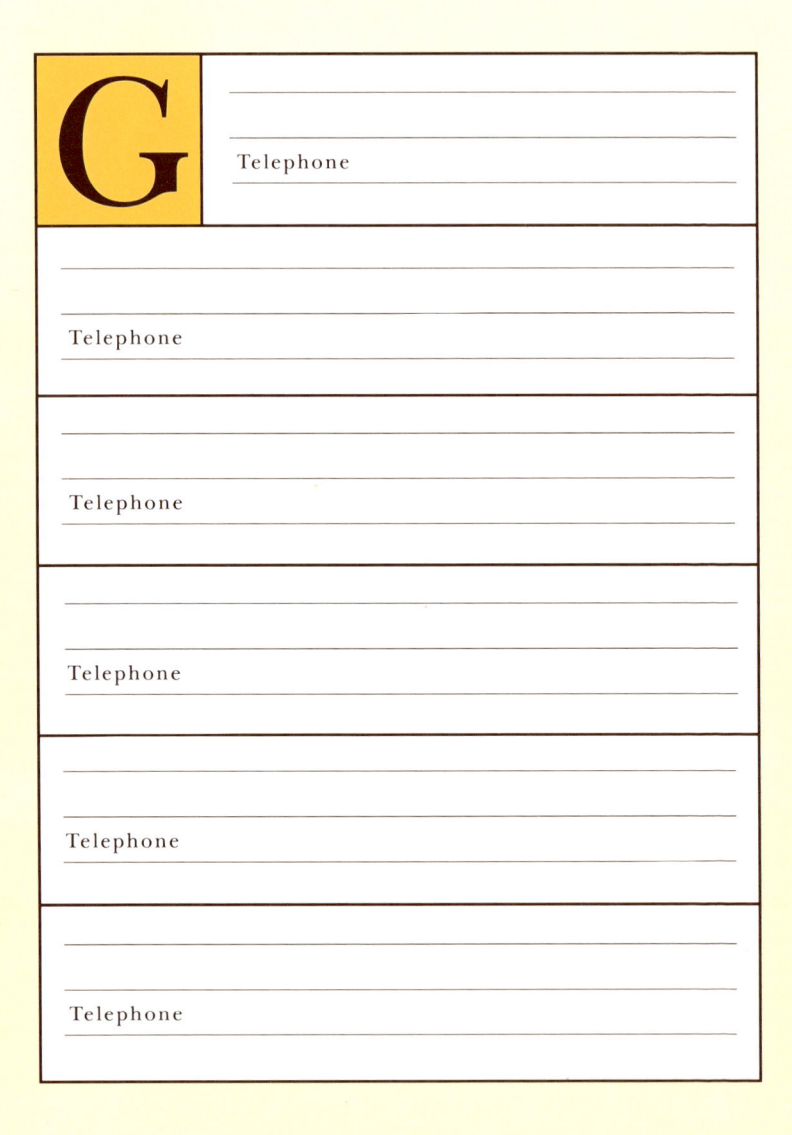

# G

Telephone

Telephone

Telephone

Telephone

Telephone

Telephone

# G

Telephone

Telephone

Telephone

Telephone

Telephone

Telephone

# H

Telephone

Telephone

Telephone

Telephone

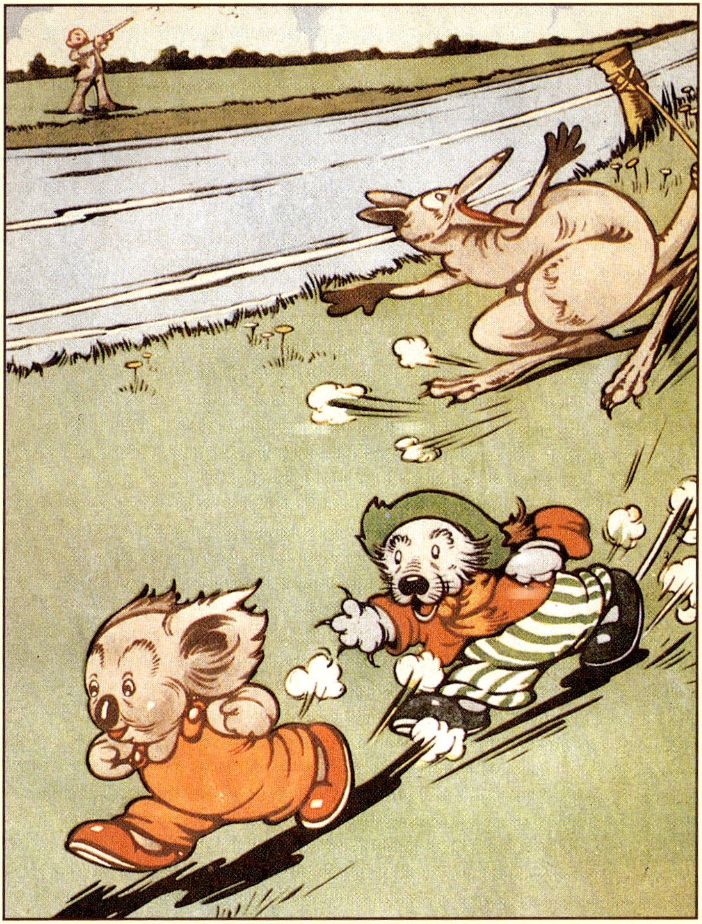

# H

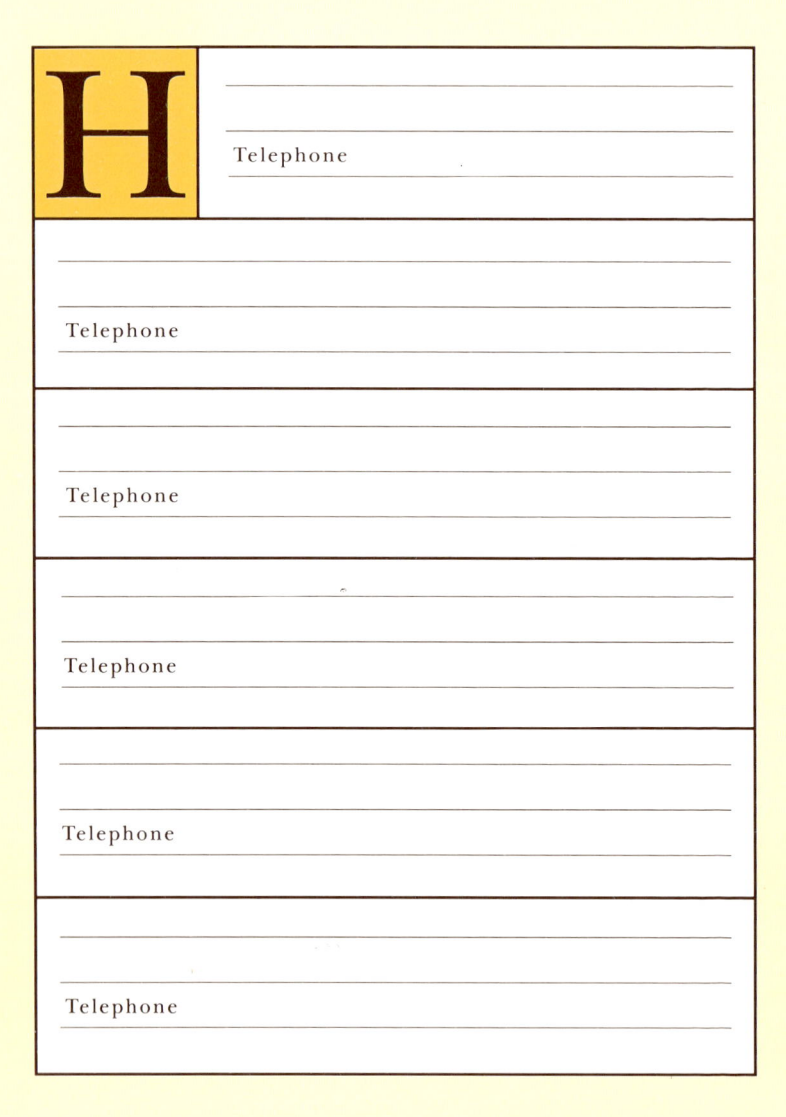

Telephone

Telephone

Telephone

Telephone

Telephone

Telephone

# H

Telephone

Telephone

Telephone

Telephone

Telephone

Telephone

# I

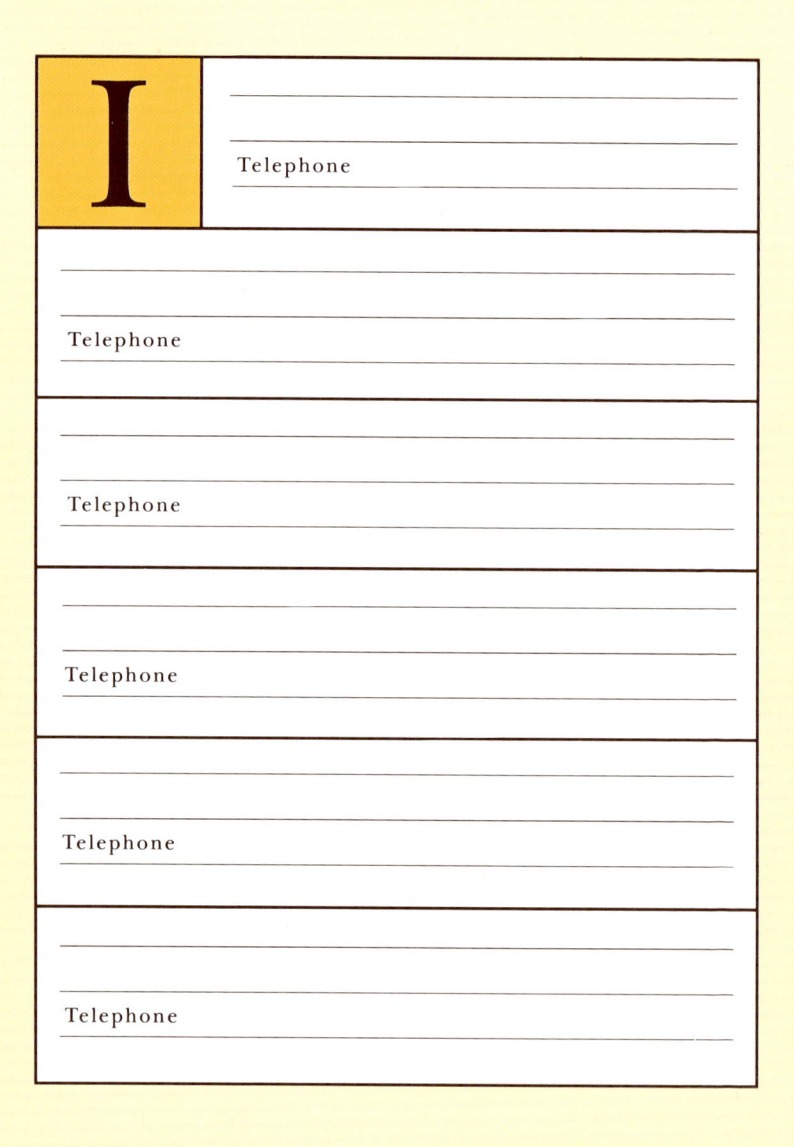

Telephone

Telephone

Telephone

Telephone

Telephone

Telephone

# I

Telephone

Telephone

Telephone

Telephone

# J

Telephone

Telephone

Telephone

Telephone

Telephone

Telephone

# J

Telephone

Telephone

Telephone

Telephone

Telephone

Telephone

# J

Telephone

Telephone

Telephone

Telephone

Telephone

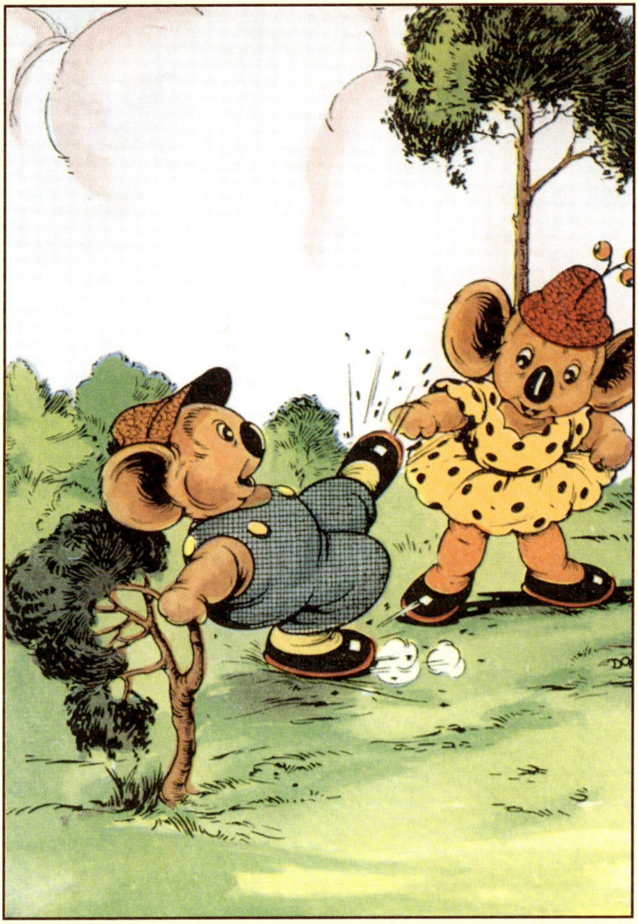

# K

Telephone

Telephone

Telephone

Telephone

Telephone

Telephone

# K

Telephone

Telephone

Telephone

Telephone

Telephone

Telephone

# K

Telephone

Telephone

Telephone

Telephone

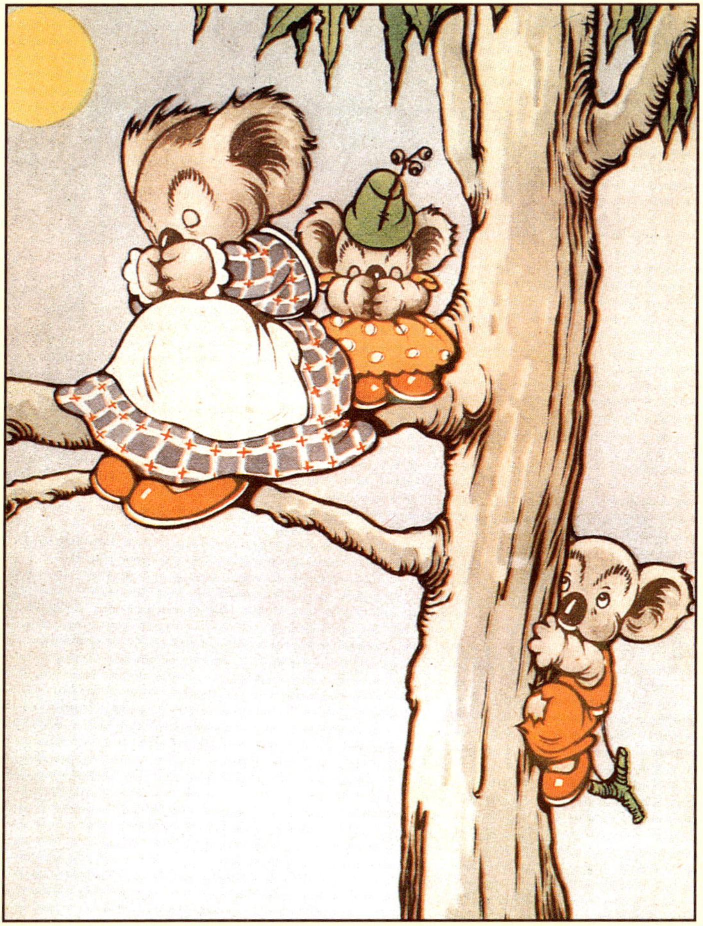

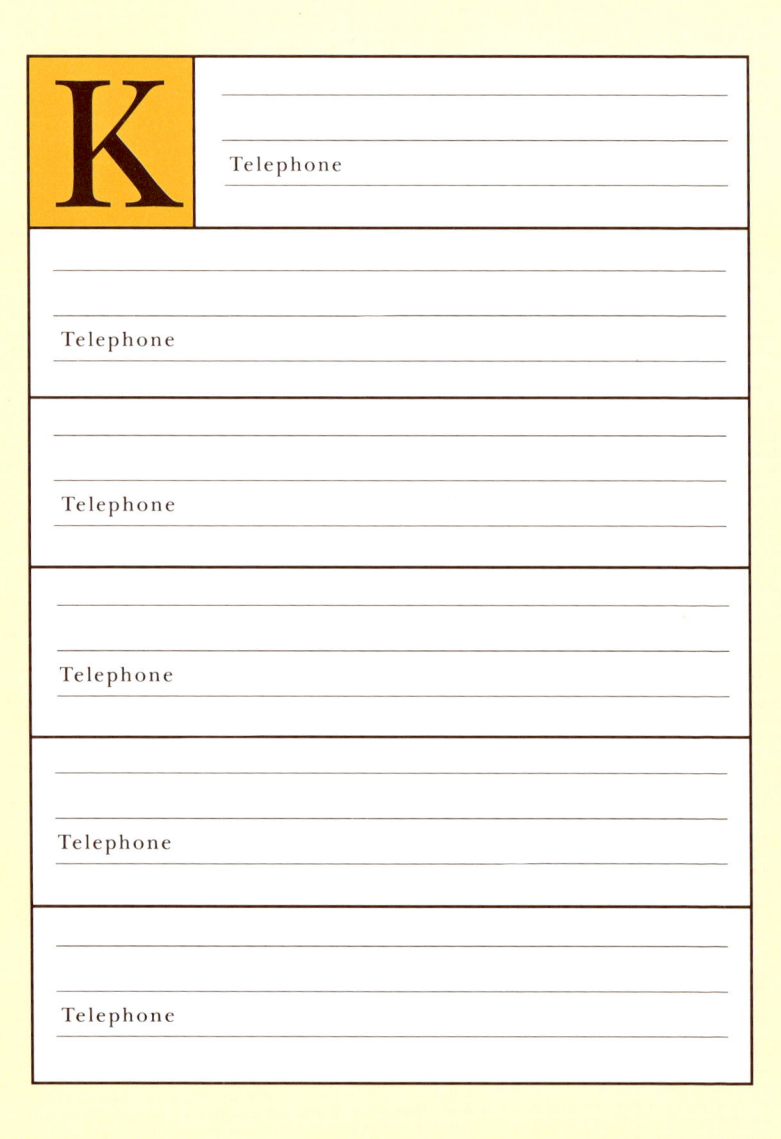

# K

Telephone

Telephone

Telephone

Telephone

Telephone

Telephone

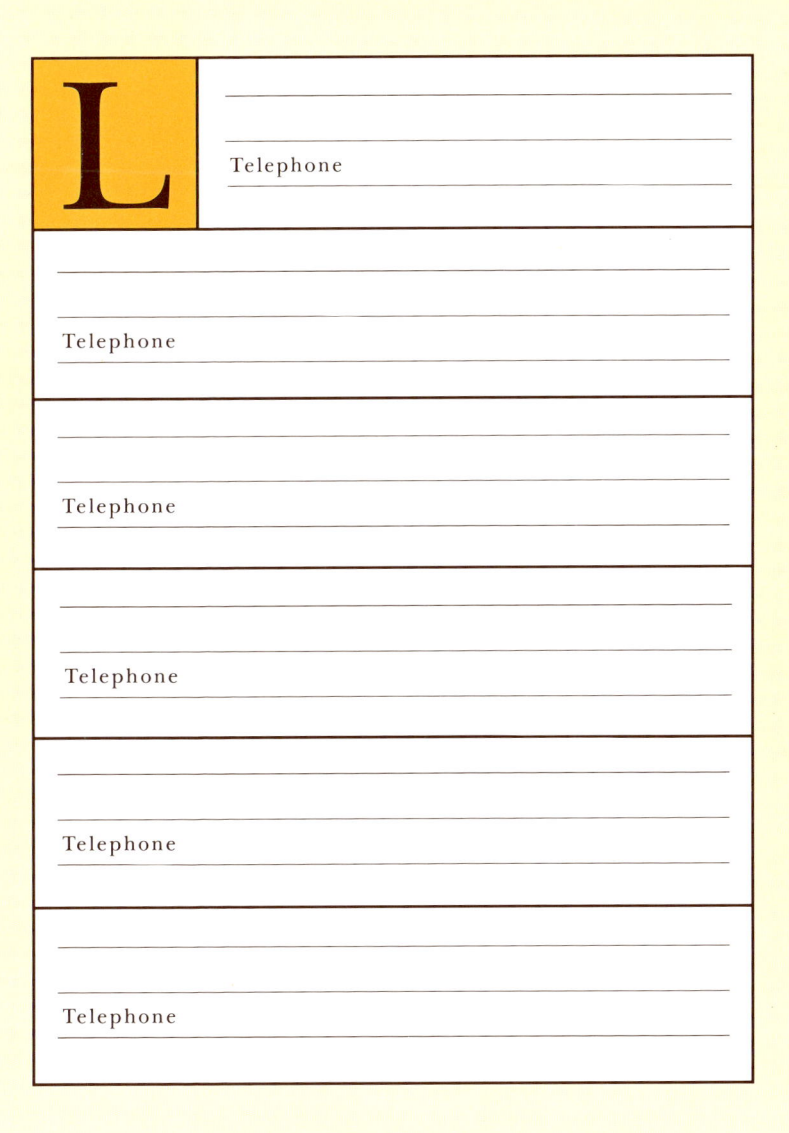

# L

Telephone

Telephone

Telephone

Telephone

Telephone

Telephone

# L

Telephone

Telephone

Telephone

Telephone

Telephone

Telephone

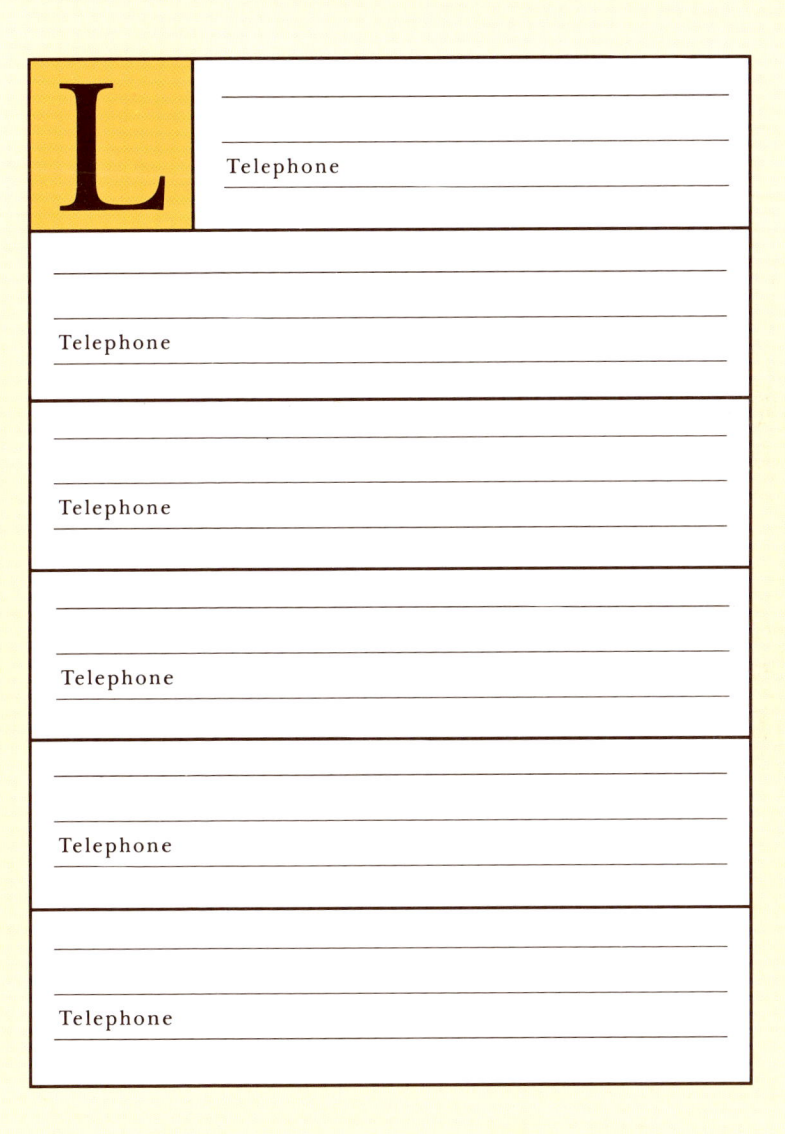

# L

Telephone

Telephone

Telephone

Telephone

Telephone

Telephone

# L

Telephone

Telephone

Telephone

Telephone

# M

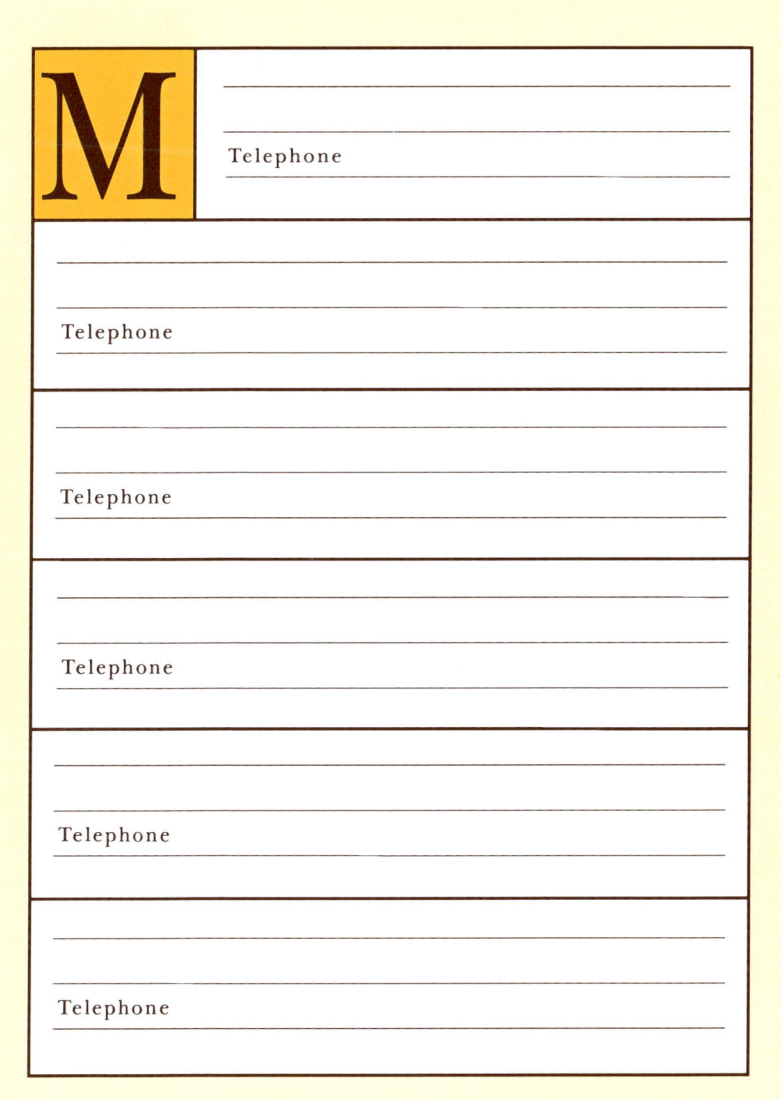

Telephone

Telephone

Telephone

Telephone

Telephone

Telephone

# M

Telephone

Telephone

Telephone

Telephone

# BLINKY BILL'S A B C Book

### By Dorothy Wall

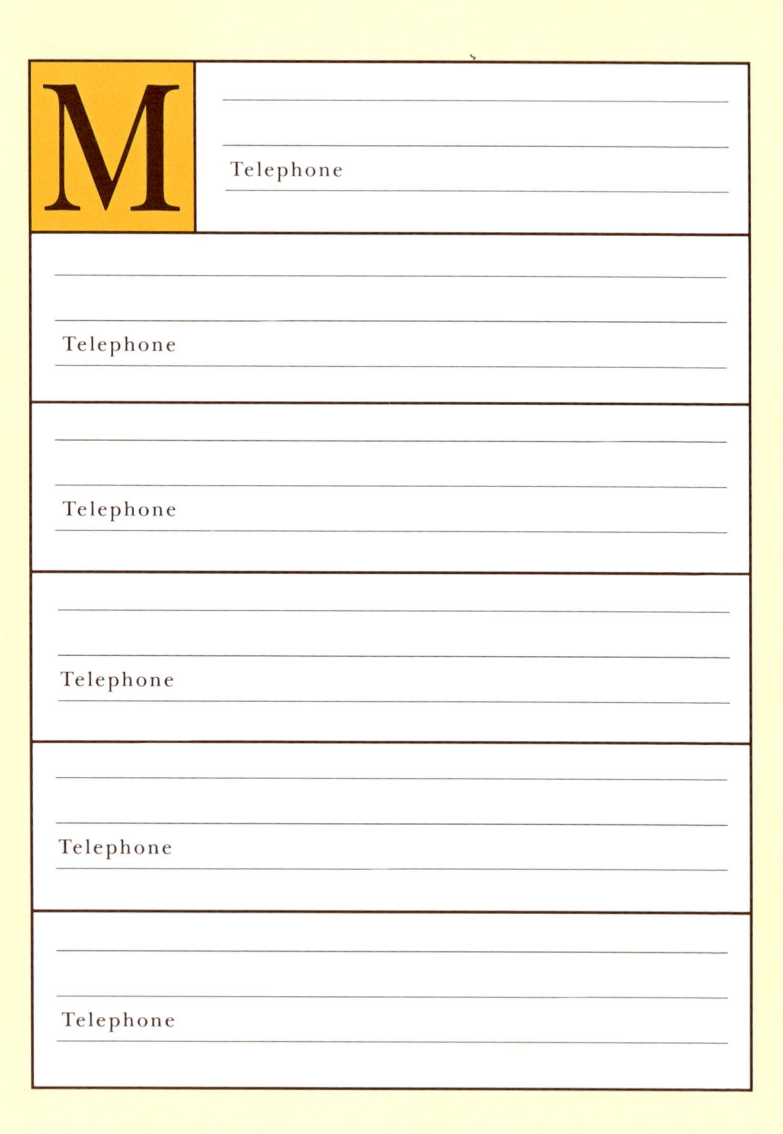

# M

Telephone

---

Telephone

---

Telephone

---

Telephone

---

Telephone

---

Telephone

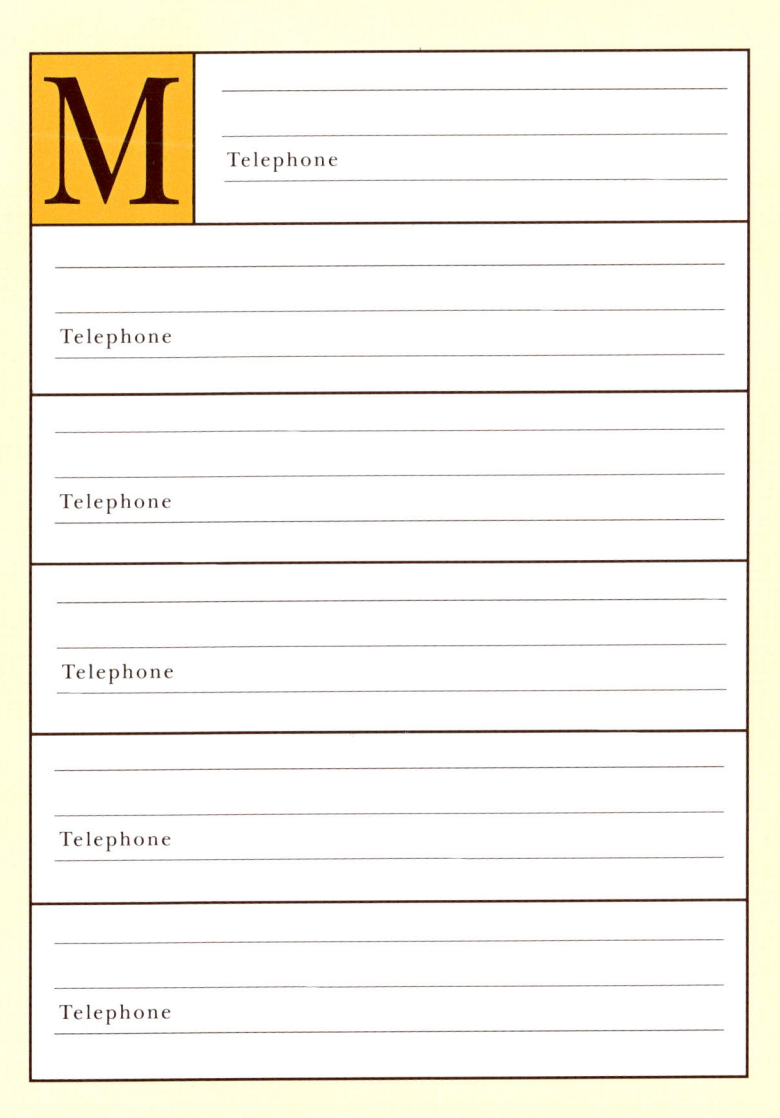

# M

Telephone

Telephone

Telephone

Telephone

Telephone

Telephone

# N

Telephone

Telephone

Telephone

Telephone

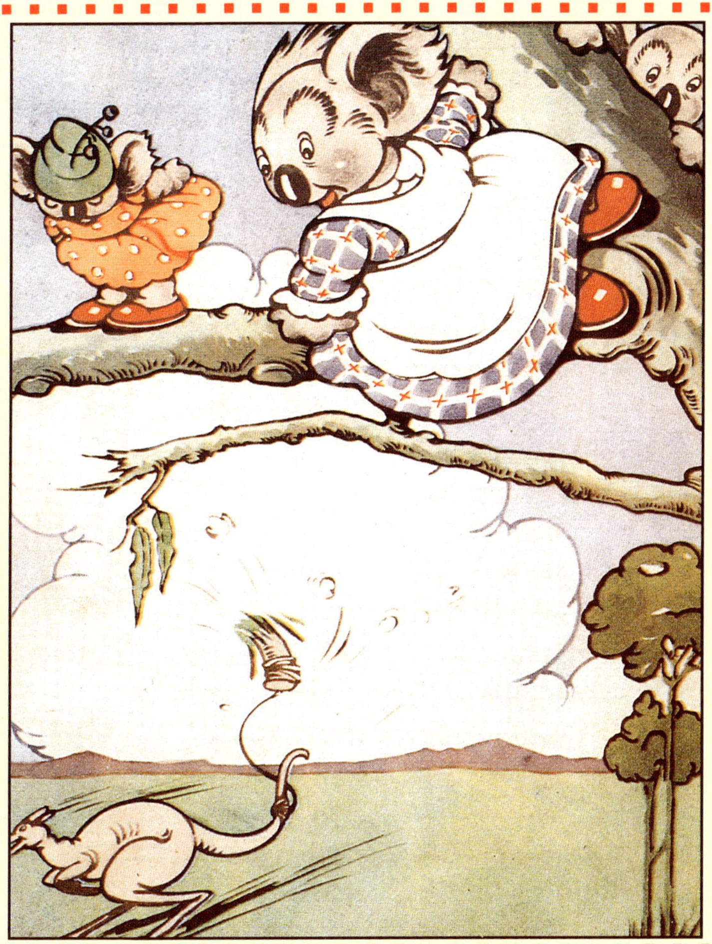

# N

Telephone

Telephone

Telephone

Telephone

Telephone

Telephone

# N

Telephone

Telephone

Telephone

Telephone

Telephone

Telephone

# O

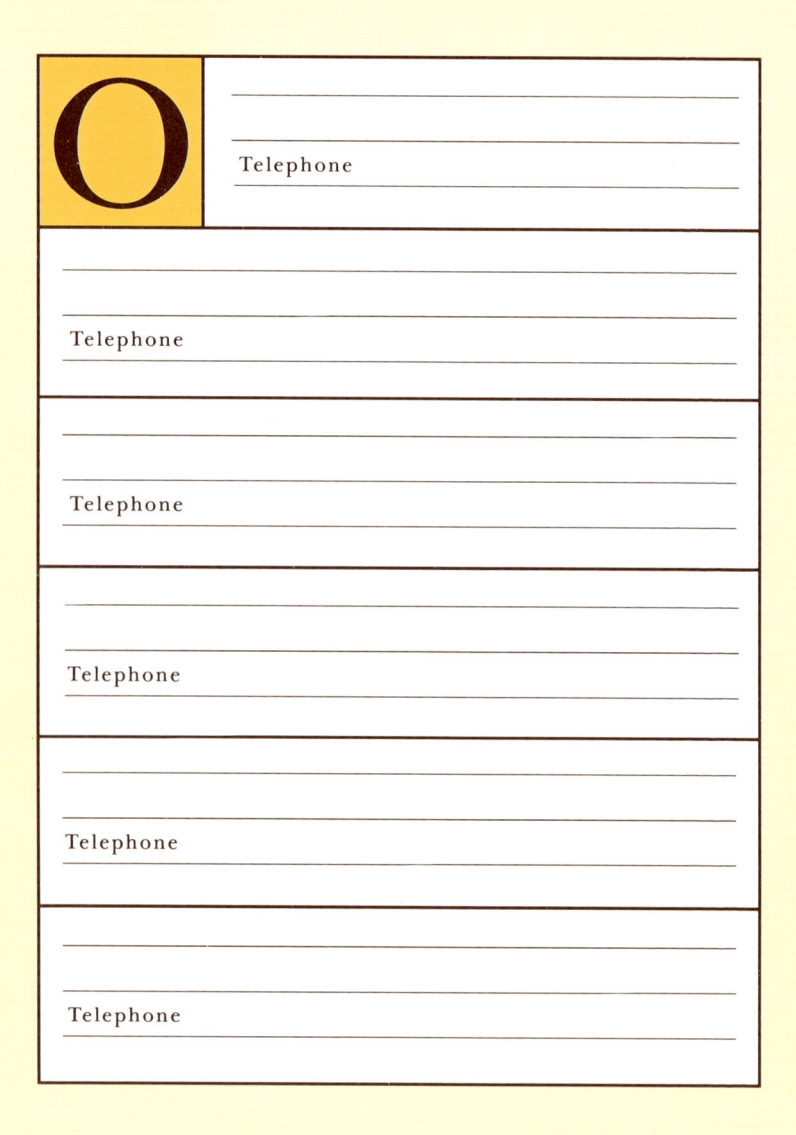

Telephone

Telephone

Telephone

Telephone

Telephone

Telephone

# O

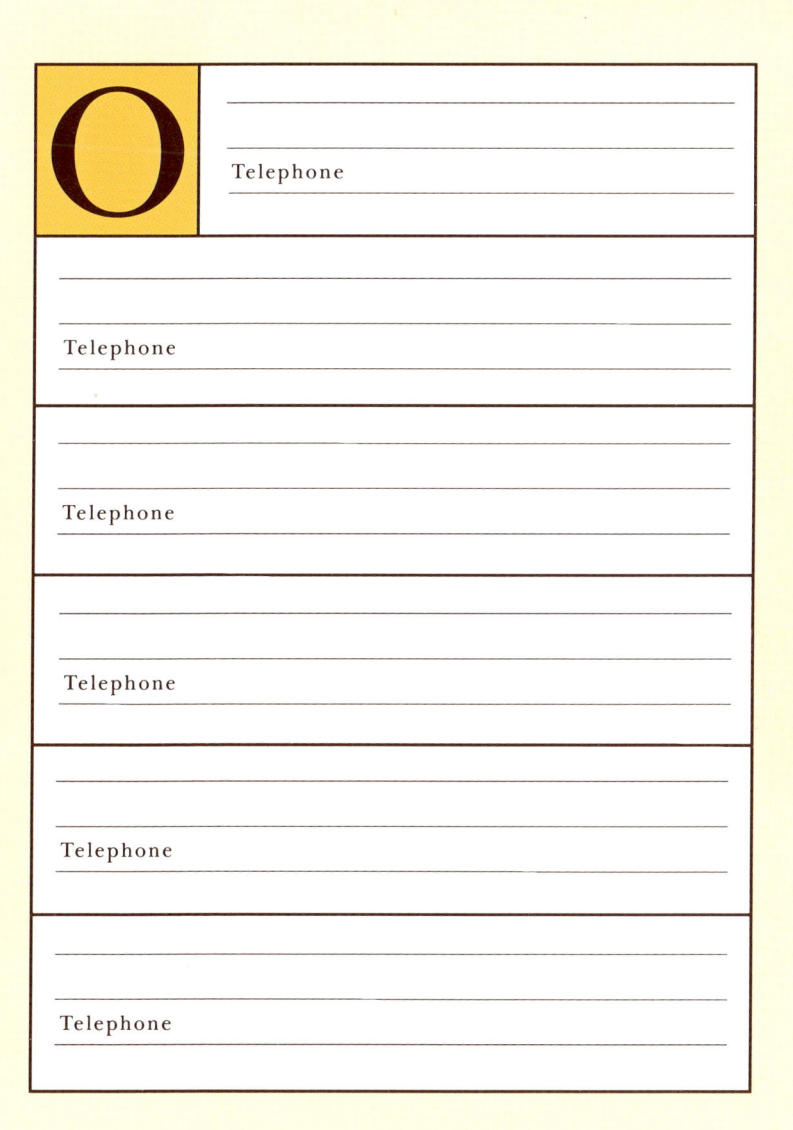

Telephone

Telephone

Telephone

Telephone

Telephone

Telephone

# P

Telephone

Telephone

Telephone

Telephone

Telephone

Telephone

# P

Telephone

---

Telephone

---

Telephone

---

Telephone

---

Telephone

---

Telephone

# P

Telephone

Telephone

Telephone

Telephone

# A Tiny Story of Blinky Bill

Dorothy Wall

# Q

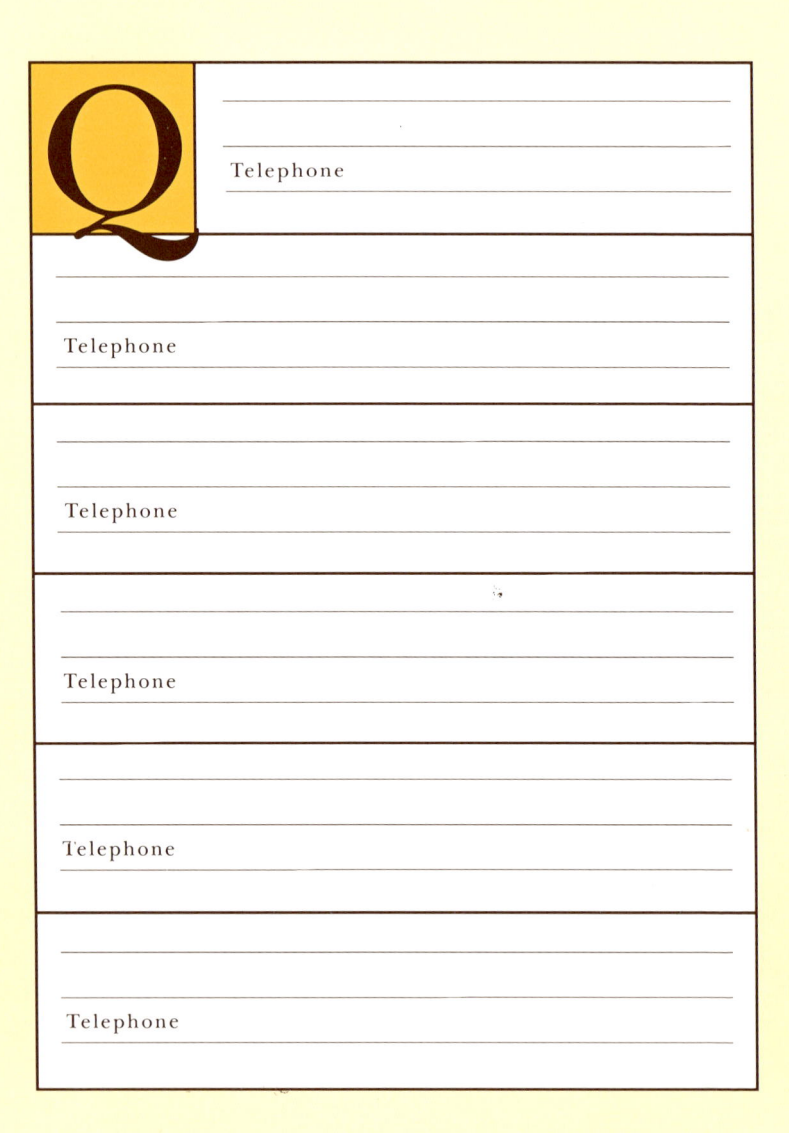

Telephone

Telephone

Telephone

Telephone

Telephone

Telephone

# Q

Telephone

---

Telephone

---

Telephone

---

Telephone

---

Telephone

---

Telephone

# R

Telephone

Telephone

Telephone

Telephone

Telephone

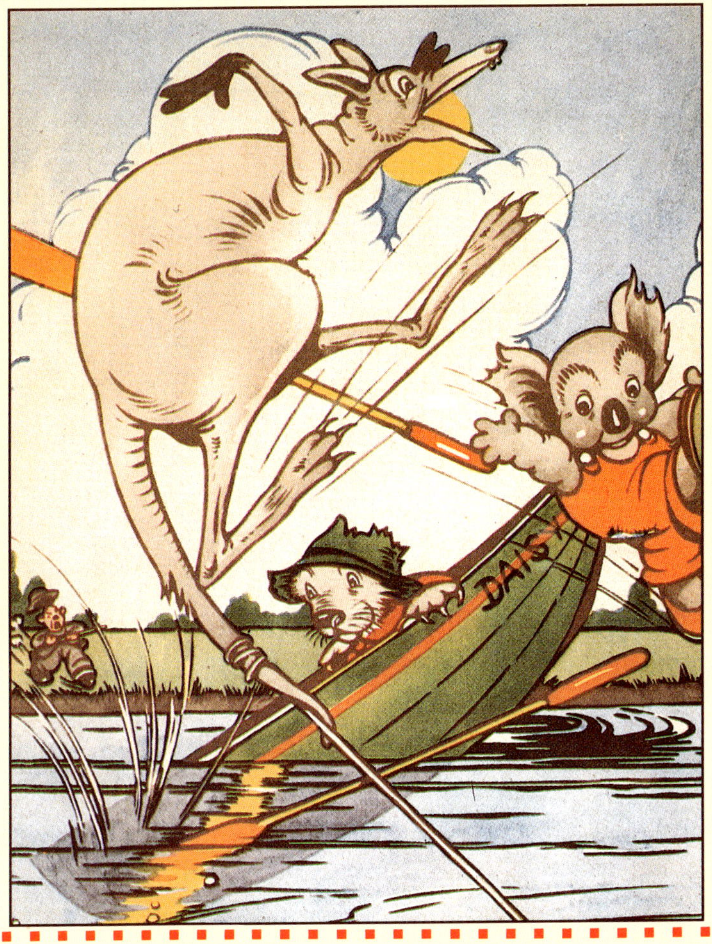

# R

Telephone

Telephone

Telephone

Telephone

# R

Telephone

---

Telephone

---

Telephone

---

Telephone

---

Telephone

---

Telephone

# R

Telephone

Telephone

Telephone

Telephone

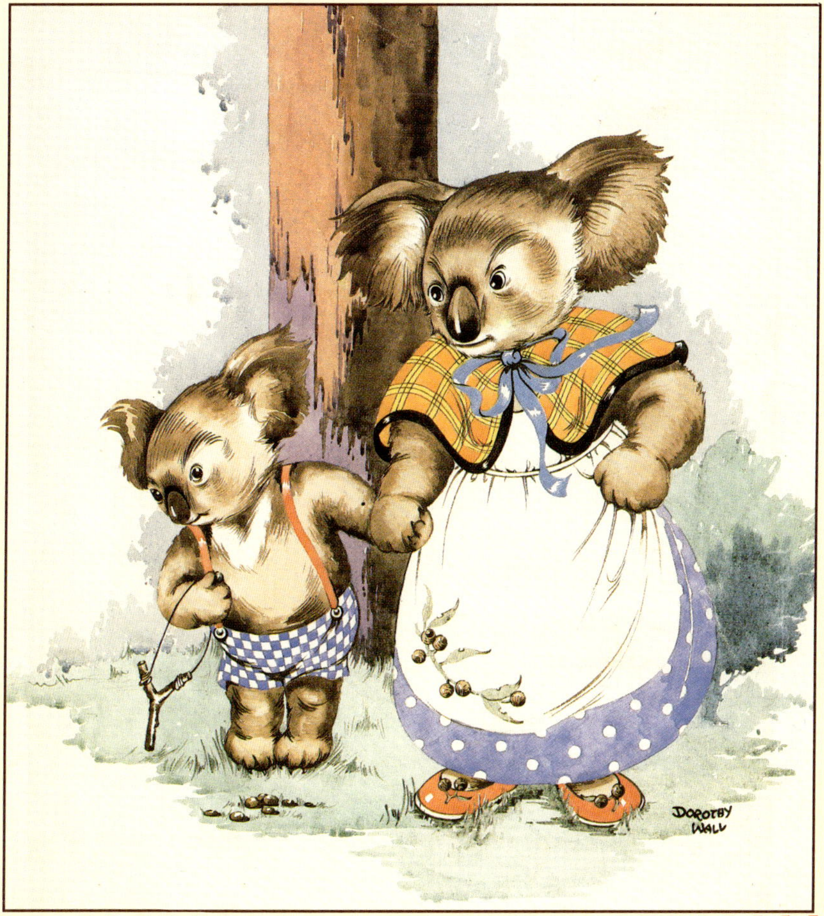
DOROTHY WALL

# S

Telephone

---

Telephone

---

Telephone

---

Telephone

---

Telephone

---

Telephone

# S

Telephone

---

Telephone

---

Telephone

---

Telephone

---

Telephone

---

Telephone

# S

Telephone

---

Telephone

---

Telephone

---

Telephone

---

Telephone

# BLINKY BILL AND NUTSY

DOROTHY WALL

# T

Telephone

Telephone

Telephone

Telephone

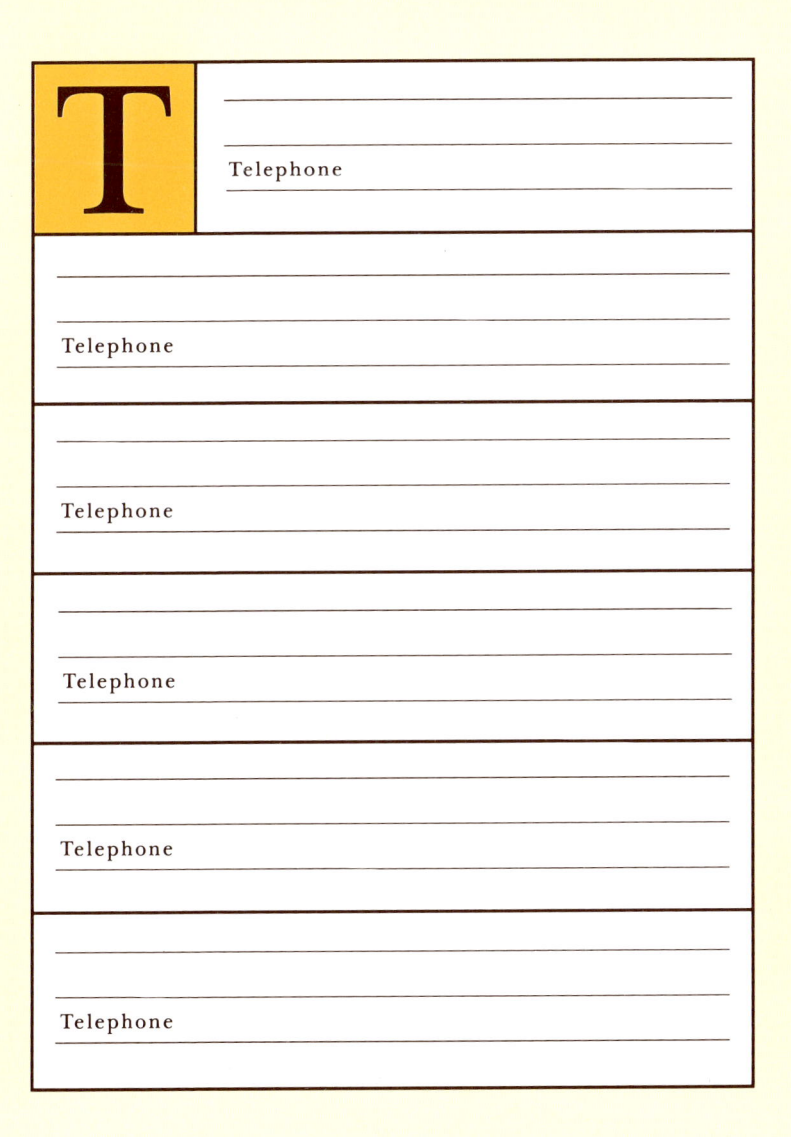

# T

Telephone

Telephone

Telephone

Telephone

Telephone

Telephone

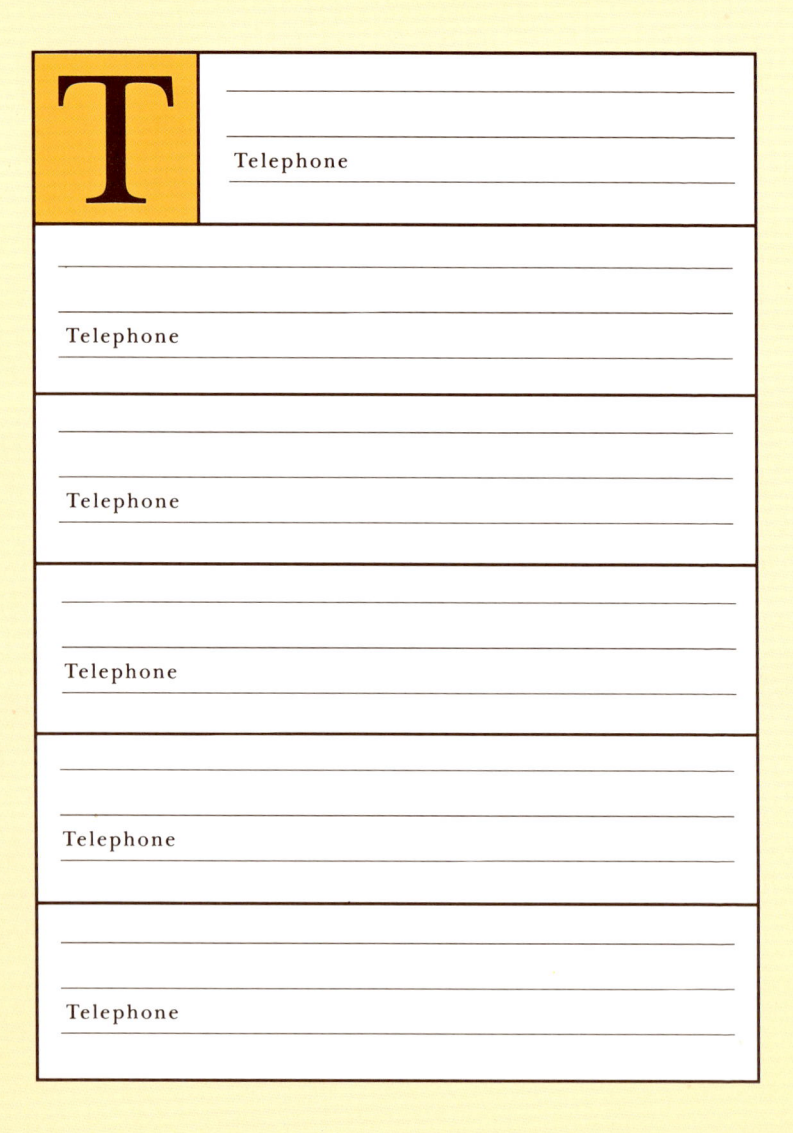

# T

Telephone

Telephone

Telephone

Telephone

Telephone

Telephone

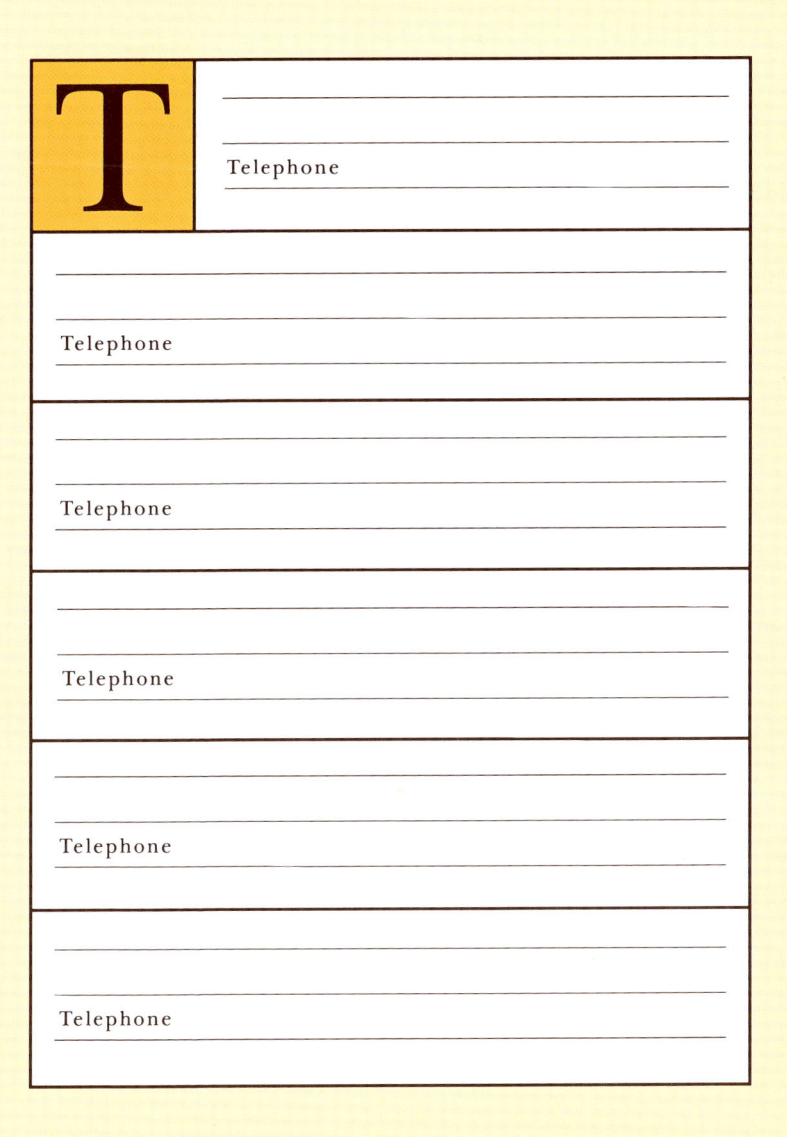

# T

Telephone

Telephone

Telephone

Telephone

Telephone

Telephone

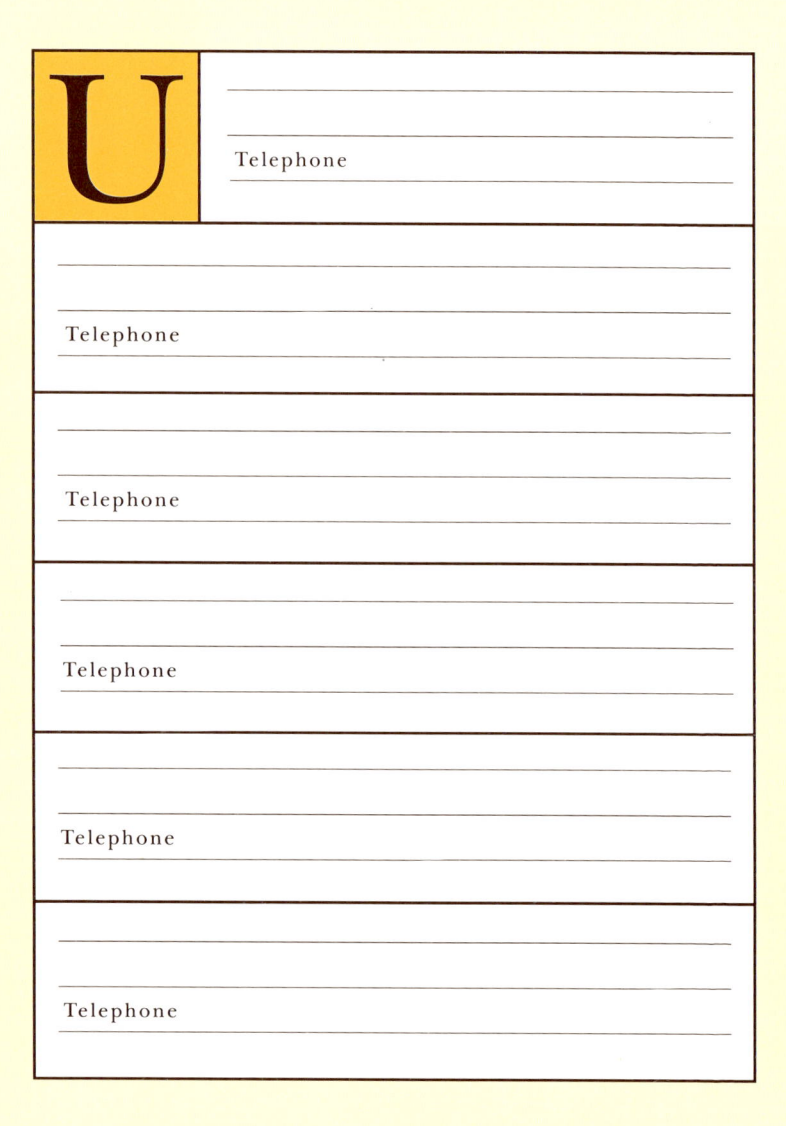

# U

Telephone

Telephone

Telephone

Telephone

Telephone

Telephone

# V

Telephone

Telephone

Telephone

Telephone

Telephone

Telephone

# W

Telephone

Telephone

Telephone

Telephone

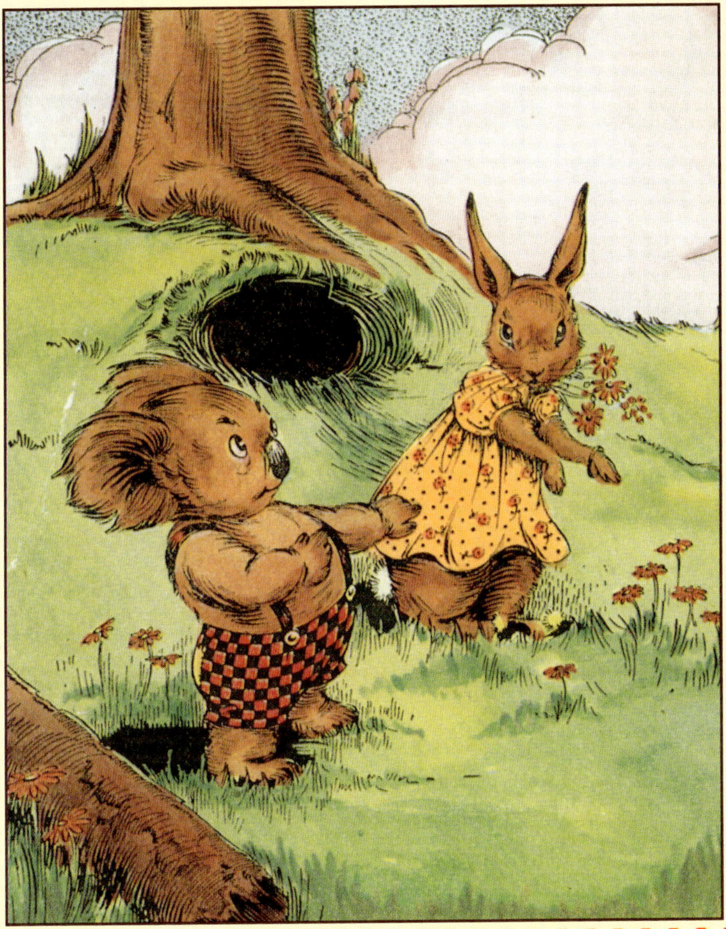

# W

Telephone

Telephone

Telephone

Telephone

Telephone

Telephone

# X

Telephone

Telephone

Telephone

Telephone

Telephone

Telephone

# Y

Telephone

Telephone

Telephone

Telephone

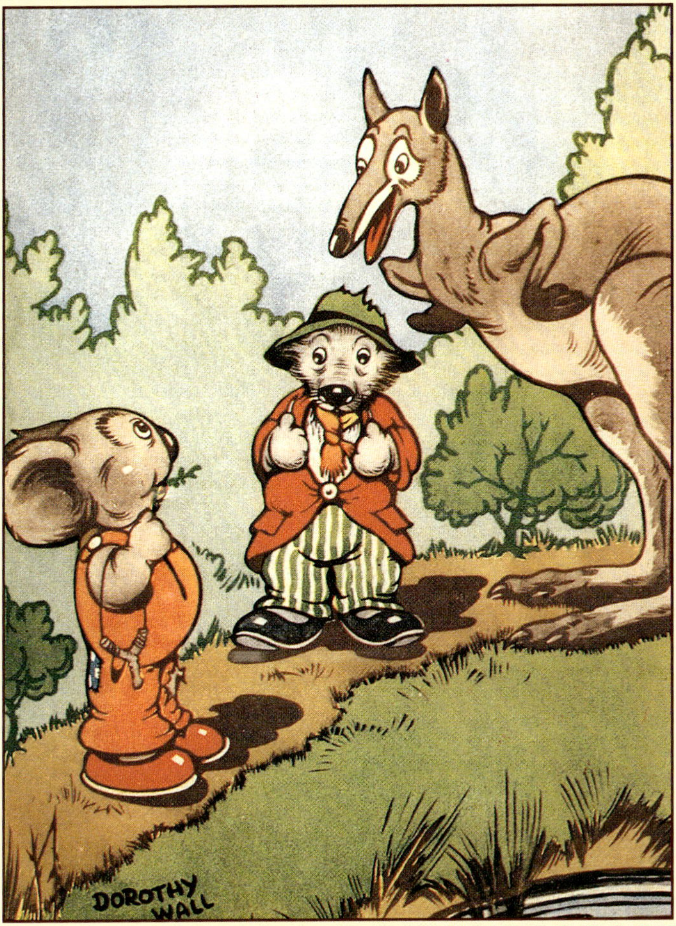
DOROTHY WALL

# Z

Telephone

Telephone

Telephone

Telephone

Telephone

Telephone